Coleção Abelha: Mel & Ferrão

O leitor de *A Divina Comédia* conhecia muitos dos personagens de Dante Alighieri. Alguns deles eram, inclusive, parentes ou amigos dos leitores. O autor vivia refugiado numa outra cidade por ser detestado pelos mandantes epocais da sua Florença natal. Os leitores de Camões, Cervantes e Shakespeare, alguns séculos depois, fizeram e fazem algo semelhante. Os leitores de Machado de Assis e de outros tantos autores brasileiros não conheceram seus personagens, mas a alguns deles, que nunca existiram, conhecem muito bem: Capitu, Diadorim, Paulo Honório e até uma cachorrinha chamada Baleia não lhes são estranhos.

Quem são os autores brasileiros contemporâneos? Que livros escreveram, o que dizem suas obras, qual é seu estilo, qual seu modo de contar o que nos contam? E por que nos contam o que nos contam, requerendo nossa atenção?

A coleção **Abelha: Mel & Ferrão** foi inspirada no provérbio que ensina ser este inseto muito didático, pois nos dá o mel, mas também ferroadas, sobretudo como defesa. Autores trazem comoventes doçuras, mas fazem críticas doloridas. Os leitores precisam conhecer, para benefícios mútuos, tanto o mel quanto a ferroada. Os brasileiros já leram muito outrora e voltaram a ler de novo. Mas estão lendo o quê? Seus autores escreveram sobre o quê e como? Vale a pena ler seus livros para saber.

O Grupo Editorial Almedina lança esta coleção de autores e de obras de qualidade. Há boas opções de leitura para todos os gostos nesse novo tempo.

Temas e problemas que são nossos velhos conhecidos, tão antigos quanto a condição humana, reaparecem de um modo que os leitores jamais viram.

É só escolher autores e livros de sua preferência e recomeçar. Ou começar, se for o caso.

Deonísio da Silva e Marco Pace
Editores da Coleção

Carlos Eduardo Novaes

Crônicas, taokey?

Carlos Eduardo Novaes

Crônicas, taokey?
Retratos 3x4 do governo do capitão

CRÔNICAS, TAOKEY?
RETRATOS 3X4 DO GOVERNO DO CAPITÃO
© Almedina, 2021
AUTOR: Carlos Eduardo Novaes

DIRETOR ALMEDINA BRASIL: Rodrigo Mentz
EDITOR DE CIÊNCIAS SOCIAIS E HUMANAS: Marco Pace
EDITORES COLEÇÃO ABELHA: MEL & FERRÃO: Deonísio da Silva e Marco Pace

REVISÃO: Miguel Parlatore e Lorena Santos
DIAGRAMAÇÃO: Almedina
DESIGN DE CAPA: Roberta Bassanetto

IMAGEM DE CAPA: Roberta Bassanetto em cima de foto de Marcelo Camargo/Agência Brasil

ISBN: 9786587017129
Maio, 2021

Dados Internacionais de Catalogação na Publicação (CIP)
(Câmara Brasileira do Livro, SP, Brasil)

Novaes, Carlos Eduardo
Crônicas, taokey? : retratos 3x4 do governo do
capitão / Carlos Eduardo Novaes. -- 1. ed. --
São Paulo : Minotauro, 2021.

ISBN 978-65-87017-12-9

1. Crônicas brasileiras 2. Humor na literatura
3. Política - Humor, sátira etc. I. Título.

21-55716   CDD-B869.8

Índices para catálogo sistemático:

1. Crônicas : Literatura brasileira B869.8

Maria Alice Ferreira - Bibliotecária - CRB-8/7964

Este livro segue as regras do novo Acordo Ortográfico da Língua Portuguesa (1990).

Todos os direitos reservados. Nenhuma parte deste livro, protegido por copyright, pode ser reproduzida, armazenada ou transmitida de alguma forma ou por algum meio, seja eletrônico ou mecânico, inclusive fotocópia, gravação ou qualquer sistema de armazenagem de informações, sem a permissão expressa e por escrito da editora.

EDITORA: Almedina Brasil
Rua José Maria Lisboa, 860, Conj.131 e 132, Jardim Paulista | 01423-001 São Paulo | Brasil
editora@almedina.com.br
www.almedina.com.br

APRESENTAÇÃO

Por que NOVAES?

– Sinto muito, meu bem, vou ter que substituí-lo – olhou para o armário e gritou – Robertão! Começa a aquecer!

Estas palavras são pronunciadas por uma esposa, na cama, inconformada com o desempenho do marido, que a muito custo deixou o futebol rolando na televisão e veio rolar com a amada, até então tratada com displicência.

É impressionante a aparente facilidade com que Carlos Eduardo Novaes abre uma história, recorre à estratégia da aranha e enreda o leitor como mosca desatenta que passa a se interessar pelo que lhe ocorre quando já não há mais como sair dali.

Começou a ler um texto de Novaes? Ah, vai ler até o fim. Não por obrigação, é claro, mas por ter sido cativado, encantado como o pássaro diante da cobra quando o bote já foi armado, e nem ele, pássaro, com asas e tudo, pode escapar. Neste caso, não quer escapar!

Convidado pelo Grupo Almedina para coordenar uma coleção de autores brasileiros, me vieram à lembrança companheiros de ofício, de velhas e memoráveis jornadas, cujos livros me deram gosto de ler, pelos temas, pelos modos de tratá-los, pelas personagens irreverentes, santas ou malévolas, e sobretudo por uma metáfora, não que martelava minha cabeça, mas que lhe passava um espanador de penas de galinha caipira, à qual muitos ainda não foram apresentados, tendo da ave apenas a lembrança de que nas lendas as galinhas tinham dentes no tempo em que os bichos falavam.

Mas que dizia a galinha? "Caiu um pedaço do céu na minha cabeça, vou dizer ao rei."

Com quase meio século de dedicação à literatura, ensinando o gosto pelo texto alheio e cuidando para que os de sua lavra o tornem digno da companhia desses que admira, este professor e escritor começa a apresentar ao distinto público suas primeiras escolhas de autores selecionados para integrar um cardápio literário. A escolha do prato, é claro, será dos leitores.

Ocorre que vim a conviver com Novaes, como o chamamos nós, seus amigos, nos idos do milênio passado, no Rio de Janeiro, trabalhando juntos numa universidade que tinha o projeto de fazer com que alunos e professores lessem e escrevessem melhor.

Era a Universidade Estácio de Sá, fundada por um ex-juiz de Direito, João Uchôa, inconformado por dar perda de causa a advogados que não demoravam a prejudicar os clientes ainda na petição, pois que não sabiam formular o problema e sequer definir o que buscavam no Judiciário.

Mas, então, por que textos literários em tal ensino e aprendizagem? Porque o texto literário ensina a escrever bonito, ensina a pensar e a sentir, mostra como os autores muito provavelmente expressam angústias e alegrias que são também as dos leitores.

Como já dissera Santo Agostinho, ainda entre os séculos IV e V, quando pôde ler e escrever mais, uma vez que Cartago tinha azeite sobrando para as lamparinas, e em Milão a noite era para dormir, um rosto irado não é latino nem grego.

O abandono de textos literários como estes de Novaes, não apenas na sala de aula, formou alunos que os dispensaram, não sem o pesado tributo de não terem aprendido nem a ler e muito menos a escrever.

Como se aborda um tema, como se o desenvolve? Deixe de lado as teorias, veja como faz o autor dos textos! É por isso que estou prefaciando este livro: para que os leitores tenham o gosto da leitura e, se forem alunos de algum curso, o que é muito provável, vejam com quem sabe escrever como se pode escrever.

Deonísio da Silva
Rio de Janeiro e São Paulo,
dezembro de 2020, 1º da Covid.

SUMÁRIO

A campanha do Capitão	13
A tomada de Braziville	15
A primeira noite de um homem	17
Jair Messias Catilina	21
Panos quentes	25
Tudo que o Mestre fizer	27
Quanto pior, melhor	31
Libertas Quae Sera Tamen	33
Viés ideológico	35
Nada é para amanhã	37
O fim dos pobres	39
O Todo Poderoso	41
O país das desigualdades	43
Borra!!	45
O absurdo da vez	47
Mania de perseguição	49
22 de Abril	51
Meia volta, volver 2	53
O novo normal	55
No país dos Pinocchios	57
Como funciona este país	59
A grande jogada	61

Em pé de guerra 63
Parágrafo único 65
Salve os milicos 67
Me dá um dinheiro aí 69
Tô fora 71
Rumo ao título 73
O diretor-geral 75
O plano 79
Mandetta 81
Tempos difíceis 83
O encontro 85
A descoberta da vacina 87
Crônica 3 em 1 91
Democracia em perigo 93
Na paz de Pazuello 97

A CAMPANHA DO CAPITÃO

No vale-tudo de uma campanha eleitoral os candidatos fazem qualquer negócio para subirem nas pesquisas. Foi assim com Bolsonaro. Ainda no hospital, recuperando-se do atentado a faca, reuniu seu estado-maior para discutirem os desdobramentos da campanha depois que ele fosse para casa.

– Preciso de uma ação forte, de impacto, para retomar à campanha – disse.

– Bem, o senhor está fraco no Nordeste – ponderou um assessor – Por que não vai para o interior do Ceará, bota um chapéu de couro e monta num jegue?

– Não vou montar num jegue. Eu fui oficial de artilharia, não de cavalaria...

– Parece que o senhor não está se saindo muito bem com o sexo feminino. Por que não tira uma foto cercado de mulheres...?

– De fio dental! – acrescentou o general que deveria ser proibido de abrir a boca.

– Menos, general. Menos!

– Então parta para uma solução mais ousada – continuou o incontrolável general – Vista-se de baiana! O senhor mostrará inclusive que não é um homofóbico!

— General, dispenso suas sugestões – continuou: – Será que não há nada que eu possa fazer para alavancar minha campanha depois de deixar o hospital?

— Exatamente! – disse um assessor – O melhor que o senhor tem a fazer é... nada! Vai ficando por aqui, mandando umas mensagens pela rede e deixa seus adversários se comerem...

— Mas... e quando eu receber alta?

— Vai para casa e continua mandando suas mensagenzinhas.

— E deixo meus adversários me esculachando diariamente?

— Lembre-se que o senhor é um mito. Nada pega num mito!

— Mas preciso tocar minha campanha!!!

— Esta é sua campanha! Sua campanha é não fazer campanha. Não vá para as ruas, não faça caminhadas, não participe de debates... Fica na sua.

Parece que está dando certo. Quanto menos campanha, mais o capitão sobe nas pesquisas.

A TOMADA DE BRAZIVILLE

Às vésperas da eleição de 2018, o pesquisador de Braziville, Charles Blackmountain, sacou seu binóculo e apontou-o para as colinas que cercam o condado. Viu algo assustador: a cavalaria dos confederados avançando lentamente tendo à frente o capitão Bolsnarrow e seu lugar-tenente, o general Stake. Atrás das tropas, milhares de índios pele-amarela.

Blackmountain berrou para os opositores do capitão concentrados à entrada da cidade:

– Eles estão vindo! Aos milhares! Parem de brigar entre vocês e apontem suas armas para o inimigo comum ou ele vai tomar Braziville!

O mais preocupado com o avanço do capitão é o professor Haddock, cria do carismático Lullaby, que encarcerado pouco pode fazer. Haddock estava certo de que era o único que poderia derrotar o capitão com o apoio de seus peles-vermelhas, mas diante daquela visão apocalíptica suas certezas foram para o brejo do condado. A solução seria pedir o apoio dos outros adversários do capitão, Citrus Goméz, Marine Silver, Gerard Al Quick, Henry Mellow e William Bow.

– Se vocês não me ajudarem – aterrorizou – Bolsnarrow vai tomar Braziville de um só golpe e fará desse condado terra arrasada...

Palavras ao vento. Ninguém estava disposto a se aliar a Haddock e seus peles-vermelhas. Alguns por sonharem ainda com uma bala de prata que, provocando um efeito dominó, derrubaria toda a cavalaria inimiga. Outros – como Gerard Al Quick e Henry Mellow – inimigos de Haddock, preferiam desfraldar bandeira branca e se juntar às tropas de Bolsnarrow.

Os confederados avançavam sem pressa, convictos de que estava tudo dominado. O capitão, seguindo na frente, ergueu o braço, a tropa parou e os índios silenciaram seus gritos de guerra.

– Vamos atacar pela direita – ordenou.

O general Stake sugeriu:

– Não seria melhor, chefe, um ataque em pinça?

– OK! Vamos atacar em pinça! A cavalaria vai pela direita e os índios pela extrema-direita! Mas antes vamos dar uma chance a quem quiser se juntar a nós.

Henry Mellow teve ímpetos de correr para os braços do capitão, mas foi impedido pelo seu constrangimento. Afinal, não podia trair aqueles gatos pingados que seguiam sua orientação. Se bem que muitos cartolas do condado, contrários a Bolsnarrow, desertaram ao vê-lo no limiar da vitória. Aliar-se aos vencedores – seja lá qual for – é uma velha prática dos políticos locais.

No momento em que entregamos esse texto na redação do Braziville News, o capitão e suas tropas estão às portas do condado. Domingo saberemos se tomaram a cidade ou se Bolsnarrow ainda terá que enfrentar Haddock em um duelo a dois na poeirenta main street. Nunca esquecendo que Bolsnarrow é um ex-capitão de artilharia.

P.S: Em edição extraordinária o jornal anunciou que o capitão abateu Haddock e tomou a cidade. Vitória dos peles-amarela.

A PRIMEIRA NOITE DE UM HOMEM

Eram duas horas da madruga e os apaixonados eleitores ainda faziam festa em frente ao condomínio na Barra da Tijuca. Na casa, depois das comemorações, da oração, dos pronunciamentos, depois de tudo a euforia pela vitória ainda era grande e ninguém parecia querer arredar o pé. Bolsonaro teve que pedir aos presentes, seguidores, apoiadores, bajuladores e parentes que se retirassem que ele precisava descansar. Com seu jeitão de capitão de artilharia abriu a porta e logo se formou uma fila de saída. Os mais entusiasmados se despediam contrafeitos.

– Não dá para ficar mais um pouquinho, presidente?

Bolsonaro não dizia nada. Apenas abria um largo bocejo na cara do insistente.

Quando o último saiu, fechou a porta e a sós com a mulher Michelle disse que iria tentar dormir. Não seria fácil. É com a cabeça no travesseiro que afloram as verdadeiras aflições, as incertezas, angústias e expectativas. Eu quando tenho uma palestra para fazer no dia seguinte preciso tomar uma Maracujina para pegar no sono. Agora imagina um cidadão recém-eleito para governar 200 milhões de compatriotas (excluí os comunistas) espalhados por 5.570 municípios em 8,5 milhões de quilômetros quadrados, com 35 partidos políticos e 16.720 sindicatos (um recorde mundial)? Quem consegue dormir pensando nesse pepino continental?

Bolsonaro foi para o quarto se trocar. Ao abrir o armário – surpresa! – deu de cara com um dos seus apaixonados eleitores.

– Desculpe presidente, só queria ver a cor do seu pijama...

E foi saindo de mansinho sob o olhar atônito do capitão.

– É nisso que dá Jair – comentou a mulher – você ter virado mito.

O capitão vestiu seu pijama verde-oliva e foi à cozinha buscar o copo d'água que o acompanha todas as noites na cabeceira. Colocou o copo embaixo do filtro e quando foi abri-lo...

– Pode deixar presidente. Pode deixar que eu abro – disse o eleitor saindo de trás da porta.

Bolsonaro não podia tratá-lo como se fosse um eleitor do Haddad. Sorriu amarelo (e verde) enquanto seu apoiador enrolava a bandeira e se retirava cheio de escusas.

Assustado, o capitão foi à procura da mulher, que estava no quarto da filha, sugerir que dessem uma geral na casa. "Está aparecendo eleitor em tudo quanto é lugar, Michelle, acabei de encontrar outro na cozinha."

– Eles não querem sair do seu lado, Jair. Você é para eles a esperança de dias melhores...

– Mas e se no meio deles tem um comunista infiltrado? Cadê meus seguranças?

– Estão contendo seus admiradores lá fora.

– Olha aí embaixo da cama da menina que eu vou buscar minha arma e escovar os dentes.

Desnecessário dizer que havia outro apoiador dentro do box do banheiro.

Depois de vistoriar todos os cantos da casa e não encontrar mais ninguém, o capitão deitou-se, mas não conseguiu dormir, assaltado pelos fantasmas de suas promessas. Como acabar com a corrupção? E com a velha política? Como vou militarizar as escolas? Como expulsar os vermelhos do país? Uma coisa é dizer que vai fazer e acontecer, a outra é cair na real e lidar com o Congresso, o STF, os ambientalistas, o Ministério Público, com a Polícia Federal, com a nação LGBTI. Meu Deus!

Na escuridão do quarto, Bolsonaro não conseguia dormir. Virou para um lado, virou para o outro e jogou o braço sobre o corpo da mulher. Aconchegou-se e falou baixinho:

– Pensei que depois de eleito fosse conseguir dormir em paz, querida.

– Sua paz acabou querido.

A voz vinha de Michelle de pé na porta do quarto. O capitão deu um salto na cama e rápido fez as contas: se não é Michelle que está aqui comigo, a quem estou abraçando?

Acendeu a luz e deu de cara com Hélio Negão.

JAIR MESSIAS CATILINA

Vou abrir esse texto com a frase inicial do primeiro discurso do político e orador Cicero (106-43 a.c.) contra Luís Sergio Catilina, um Jair Messias da República Romana: *"Quosque tandem abutere Jair patientia nostra?"* (Até quando Jair abusara de nossa paciência?). Segue: *"Quam diu etiam furor iste tuus nos eludet?* (Por quanto tempo ainda teu rancor nos enganará?) e continua: *"Quem ad finem sese affrenata iactabit audácia?"* (Até que ponto tua audácia desenfreada se gabará de nós – ou curtirá com a nossa cara?)

Mas nunca é demais lembrar que Jair não tem culpa de ter sido eleito. Se alguém pensou em impeachment deve encaminhá-lo aos milhões de eleitores que o colocaram no trono. No *starting gate* (portão de partida) da corrida eleitoral, Jair não passava de um candidato como outro qualquer, com a desvantagem de ter sido expulso do Exército e passado 28 anos no baixo clero do Congresso sem nada que o notabilizasse além dos impropérios dirigidos a uma coleguinha parlamentar. Elegeu-se no hospital, como a antítese do PT.

Quem o elegeu? A milícia, o Queiroz, os empresários, os fascistas, os alienados, mas principalmente a classe média que nunca engoliu um ex-operário no poder (mesmo antes das denúncias de corrupção). Jair prometia acabar com os corruptos, como Collor prometeu acabar com os marajás. Promises, promises! diria Dionne Warwick. Ou se preferirem um ditado: Macaco olha o teu rabo (e o de sua família)!

Mas não subestimem a inteligência de Jair. Um cara desconhecido pela maioria da população, que saiu das cavernas de Brasília para se eleger presidente não pode ser um retardado. Podem chamá-lo de tosco, grosso, homofóbico, apedeuta, mal-educado, desequilibrado, mentiroso, mas nunca de retardado. Jair chegou anunciando que iria varrer com a "velha política" e seus eleitores aplaudiram quando ele militarizou seu Governo com um monte de generais.

A presença de tantos militares a sua volta levantou na oposição as suspeitas de que Jair preparava uma reprise do "golpe democrático". Mas suportado por mais de 50 milhões de votos ele não precisava chutar a Constituição (ainda que gostasse da ideia). Sua opção pelos generais tinha outro sentido: blindá-lo, criar uma trincheira verde-oliva atrás da qual pudesse se sentir seguro para exercitar seu autoritarismo, sua "nova política" e suas porralouquices sem receio que lhe puxassem o tapete.

Qualquer presidente progressista – nem diria esquerdista – que fizesse e dissesse metade do que Jair tem aprontado já teria descido a rampa do Planalto de mala e cuia. Por muito menos Dilma caiu do cavalo.

Por que Jair permanece, altaneiro e livre? Medo de que os generais mostrem os caninos e as milícias – física e digital – toquem fogo no país? Ele não cai, meninos, porque a classe dominante que o elegeu – a ele e a todos os outros, inclusive Lula – botou suas fichas em Paulo Guedes, o super hiper liberal que tem planos de oferecer a carniça do Estado aos abutres da privataria. Ou porque a queda de Jair implicaria na ascensão de um general e dos militares não se sabe o que esperar (meu pai, por ex. eu nunca sabia quando viria dele um elogio ou uma ordem de prisão). Ou talvez Jair permaneça como uma vara madura que não cai porque envergonharia o país mais uma súbita troca de guarda nessa trajetória republicana marcada por golpes, ditaduras, renúncias e impeachments que nos faz parecer uma república das bananas.

PANOS QUENTES

Nosso vice, general Mourão, foi à China com o objetivo de reabrir o canal de cooperação entre os países. O canal anda entupido desde que o Capitão esculachou com os chineses durante a campanha, declarando que "a China está comprando o Brasil". O general tinha por missão desentupir o canal para preparar a viagem do Capitão ao país que inventou o comunismo de mercado.

Antes de viajar, o Capitão e o general tiveram uma conversa reservada no Planalto.

– Mourão arruma a mala que você vai para a China, taokey?

– Eu? A China é grande demais para um vice-presidente. O senhor é quem deve ir...

– Não posso ir, Mourão! Depois do que falei da China na campanha não sei como serei recebido.

– Os chineses são bem-educados. Vão recebê-lo como um Chefe de Estado.

– Não, não, vai você! Lembra da reação do prefeito de Nova York quando soube da minha viagem? E eu nem falei mal da cidade na campanha. Vai você, taokey?

– E eu vou fazer o quê lá?

– Porra, Mourão. Vai sondar o ambiente. Pede uma audiência com o presidente Xixi Pinga...

– Xi Jinping! Não vou nem assinar um acordo?

– Você vai sentir se posso aparecer por lá. Só isso – o Capitão fez cara de nojo – Vou ter que apertar a mão de um monte de comunistas...

Mourão desembarcou em Pequim e ao ser recebido por Xi Jinping disse-lhe que "nosso presidente deseja visitar a China em futuro breve". Xi sorriu de lado:

– Para quê? Para continuar metendo o pau na China?

O general se mexeu na cadeira e teve que usar da nossa diplomacia:

– Aquilo foi um mal-entendido, presidente. Ele fez um elogio ao país. Ao afirmar que a China está comprando o Brasil, ele só quis dizer que vocês estão com muito dinheiro...

– Mas nós somos um país comunista. Eu sei que ele tem horror a comunistas...

– Só dos comunistas brasileiros. Asseguro que ele não tem nada contra os comunistas asiáticos.

– Então tudo bem. Diga a ele que as portas da China estão abertas para o Brasil. Mas que ele venha desarmado!

TUDO QUE O MESTRE FIZER

O Capitão passou a utilizar o Twitter forçado pelas circunstâncias. Depois de recuperado da cirurgia, poderia ter deixado o aplicativo de lado. Mas ao perceber que era a plataforma preferida de Trump para governar o país, mais do que depressa resolveu manter a "trincheira". A partir daí foi seguindo religiosamente as decisões do presidente americano na esperança de que – copiando o modelo – algum dia nos tornemos os Estados Unidos do Brasil.

Sentado em seu gabinete, preparando mais um post, Bolsonaro chamou seu porta-voz, o deputado Hélio Negão, parado em pé atrás do chefe.

– Ligou para a Casa Branca hoje?

O porta-voz balançou a cabeça negativamente.

– Já não disse que quero você ligando para Washington todos os dias?

O porta voz tornou a balançar a cabeça negativamente.

– Então liga. Preciso saber se o presidente americano tomou alguma nova providencia...

O porta-voz ligou, não disse uma palavra e entregou o fone para Bolsonaro.

– Você não sabe que não falo inglês? – reagiu o Capitão

O porta-voz apontou para o próprio peito e fez o sinal negativo com o indicador ("eu também não").

Irritado, o Capitão entregou o fone para sua assessora de Libras, a única ao seu lado além do Hélio Negão.

– Pergunta lá qual foi a decisão do presidente Trump sobre o Pacto de Migração proposto pela ONU.

A assessora pediu a Bolsonaro que segurasse o fone.

– Desculpe ocupá-lo presidente, mas vou precisar usar as duas mãos...

Quando começou a gesticular diante do fone Bolsonaro se deu conta de que sem imagem a comunicação ficaria um tanto complicada e gritou para Hélio Negão:

– Chama o Chanceler Ernesto que ele fala até tupi-guarani...

O deputado fez o sinal de positivo e foi atrás do Ministro. Ernesto surgiu esbaforido e perguntou ao Capitão se ele estava fazendo contato com alguma aldeia indígena.

– Quero falar com a Casa Branca! – berrou o Capitão sem paciência

– Em tupi? – espantou-se o Chanceler

– Em inglês, porra!

– Ah bom. Desculpe presidente. Como seu porta-voz não fala, não entendi direito.

Ernesto tornou a ligar e perguntou sobre o tal Pacto que o Brasil já havia ratificado.

– O assessor do presidente Trump informou – disse o Chanceler – que os Estados Unidos foram contra o Pacto.

– Então nós também seremos! – Bolsonaro foi firme

– Mas nós aderimos ao pacto em dezembro, presidente...

– Não importa! Se os Estados Unidos são contra nós também somos. Vamos cair fora.

– Quer saber mais alguma coisa, presidente? – indagou Ernesto tapando o bocal do fone

– Pergunta sobre a questão do muro com o México. Já começaram a construir?

– Ainda não – afirmou o Chanceler depois de perguntar.

– Então peça a ele que nos avise quando começar. Temos que construir um muro também... Que tal na fronteira com a Venezuela?

O Capitão virou-se para o Negão e perguntou o que ele achava da ideia.

– Excelente – respondeu o porta-voz

– Faloooooou!!

QUANTO PIOR, MELHOR

Creio que não há mais dúvidas de que Jair Bolsonaro defende com unhas, dentes e filhos o princípio de "quanto pior, melhor". E ninguém teria nada com isso caso ele não fosse o presidente da nossa República. Essa obstinação vem desde o início do seu governo.

Bolsonaro não tinha nem dois meses no trono quando um dos generais que o assessoram adentrou seu gabinete e comentou:

– O Bebiano vem fazendo um belo trabalho na Secretaria da presidência.

– Quem mandou?

– Ele está sendo muito elogiado...

– Ah é? Então vamos demiti-lo! Me dá uma caneta aí...

O mesmo aconteceu com o general Santa Cruz, defenestrado em menos de seis meses, da Secretaria de Governo. Foi aí que os ministros perceberam o modo de pensar do presidente e trataram de agradá-lo para não perderem o cargo. Não foi por outra razão que o ministro Weintraub apareceu na TV com um guarda-chuva imitando Gene Kelly e passou a tropeçar no vernáculo. Um assessor tentou corrigi-lo:

– Ministro, não é assim que se escreve "suspeisão" nem "imprecionante"...

– Não mexe. Deixa como está.
– São erros grosseiros. Não pega bem para um Ministro de Estado.
– Se eu escrever certo o presidente pode não gostar.

No dia em que achou que o presidente olhou atravessado, Weintraub, receoso de ser demitido, tratou de ofender a China.

– A China, Ministro, é nosso maior parceiro comercial – alertou o assessor – O presidente não vai gostar...
– O quêêê? Você não viu o que o filho falou sobre os chineses? Ele vai adorar!!

O ministro Mandetta fazia seu feijão com arroz, quietinho, errando aqui e ali para agradar o presidente quando o coronavírus bateu na sua porta. Luís Henrique foi obrigado a arregaçar as mangas e sair do anonimato. Um assessor aconselhou-o:

– Não faça as coisas certas, ministro. Pelo amor de Deus!
– Mas trata-se a vida das pessoas...
– Não importa! O presidente já disse que todos vamos morrer um dia, mais cedo ou mais tarde. O que diz a OMS?
– Para evitar aglomerações e estabelecer o isolamento social...
– Então faça tudo ao contrário... se quiser permanecer no cargo. Esquece essa recomendação de isolamento horizontal, vertical, diagonal...

Mandetta não deu ouvidos aos conselhos e continuou seguindo o manual da OMS, irritando o presidente que puxou a caneta do coldre. Foi contido pelo Supremo, o Congresso, os militares, as pesquisas, os panelaços, mas não se deu por vencido. Outro dia, durante uma reunião ministerial, ameaçou os presentes:

– O próximo Ministro que fizer a coisa certa vai para a rua – e sorriu na direção do ministro da Educação – Mirem-se no exemplo de Weintraub!

LIBERTAS QUAE SERA TAMEN

Como todos lembram, logo nos primeiros dias do novo Governo o Ceará foi tomado por um tsunami de violência. Sem conseguir conter os crimes, o Governador Camilo Santana solicitou a presença de tropas federais. Em um primeiro momento seu pedido foi negado provocando uma reunião de emergência com o Capitão no Palácio do Planalto que passamos a relatar.

– Por que o senhor não enviou logo as tropas federais, Ministro Moro? – quis saber o Ministro da Defesa.

Moro escolheu as palavras para responder:

– Bem... o Ceará está no Cinturão Vermelho do Nordeste. O Governador é do PT...

– Sim, e daí? – indagou o Ministro Heleno.

– O presidente Bolsonaro vive dizendo que precisamos libertar o país do socialismo...

– É verdade – concordou o Capitão.

– Mas não é deixando o Ceará pegar fogo – reagiu Heleno – que vamos nos livrar do socialismo.

– E quem me garante – voltou o Capitão – que não foi o próprio Governador vermelho que armou esse banzé para nos criar problemas?

– É uma hipótese! – ponderou o ministro da Defesa.

– Vocês sabem como esses socialistas são ardilosos... capazes de tudo – continuou o Capitão.

– Uma outra hipótese – acrescentou Heleno, o mais lúcido de todos – é que esta violência tenha partido de gente nossa para iniciar a destruição do Cinturão Vermelho...

– Nunca Heleno! Nunca! – rebarbou o Capitão – Nossa gente é de família, os meninos vestem azul, as meninas vestem rosa.

– O fato é que precisamos enviar tropas para lá. O povo cearense não tem culpa do Governador fazer vista grossa – disse o general da Defesa já pensando em guerra – Vamos enviar mil homens, tanques, canhões, carros de combate...

– Tudo isso? – assustou-se Bolsonaro – Para um governador do PT? Negativo. Vamos mandar 50 homens e olhe lá. Ele que se vire!

– Só 50, presidente? Não vão conter a violência.

– Ótimo! Aí decretamos intervenção federal e tiramos aquele cara de lá.

Depois de muita conversa ficou resolvido que o ministro Moro enviaria 300 homens que permaneceriam no Ceará por 30 dias. Bolsonaro queria a permanência por uma semana e foi voto vencido. Saiu da reunião resmungando:

– Trezentos homens por 30 dias? Assim não vamos conseguir nunca libertar o país do socialismo.

VIÉS IDEOLÓGICO

Bolsonaro trocou quatro dos sete membros da Comissão de Mortos e Desaparecidos Políticos declarando que o governo agora é de "direita". Pressupõe-se que os quatro defenestrados fossem de "esquerda".

Não se surpreendam, portanto, se em breve a tal comissão descobrir que os Mortos foram justiçados pelos próprios companheiros – como já afirmou Bolsonaro em relação ao Fernando Santa Cruz, presidente da OAB-RJ – e os Desaparecidos sumiram porque foram morar em Havana ou Pyongyang.

A decisão do Governo obedece ao tal viés ideológico que Bolsonaro prometeu eliminar da vida nacional desde seu discurso de posse. O Capitão acha possível acabar com o tal viés como o Brasil acabou com a saúva. Tal ignorância é apenas mais uma que sai sem cerimônia da boca do presidente. O viés ideológico está presente na alma das pessoas através de suas ideias e crenças construídas ao longo de suas formações. Não significa, porém, que seja tão imutável quanto uma impressão digital.

No Brasil ninguém nasce de esquerda (talvez os filhos do Prestes). Todas as pessoas que hoje são de esquerda alteraram seu viés ideológico, na medida em que vivemos em um país conservador onde a direita desde sempre estabeleceu as "regras do jogo". As muitas variantes ideológicas permeiam a vida social e mesmo os que se dizem apolíticos – quase todos conservadores – revelam suas inclinações no seu olhar para o Brasil e o mundo. Não existe um animal sem viés, pelo menos entre os racionais.

Sugiro que Bolsonaro deixe de lado esse equívoco – que repete à exaustão – e assuma de vez que o viés nacional é de direita, uma direita que, pelo visto, caminha para sua extremidade. É o que esperam seus eleitores. Quanto a mim, só estou aguardando o dia em que Bolsonaro vai alourar seus cabelos e tirar uma foto ao lado de Trump e Boris Johnson.

NADA É PARA AMANHÃ

Quer dizer que a reforma da Previdência fará o país economizar um trilhão de reais... em 10 anos! As privatizações das nossas 135 estatais podem render uns 900 bilhões de reais sabe-se lá em quanto tempo. O plano de desinvestimentos da Petrobras vai nos trazer alguns bilhões de dólares. O tal acordo entre o Mercosul e a União Europeia, pelas contas do Governo vai nos garantir mais 113 bilhões de dólares em investimentos... em 15 anos. Também o PIB deve crescer 125 bilhões de dólares... em 2035. Sem falar nos recursos que embolsaremos com a exploração do pré-sal, cerca de 18 bilhões de dólares... em 20 anos.

Certamente quando esta dinheirama toda inundar o país não haverá mais 13 milhões de desempregados, nem o salário-mínimo será mínimo, os vendedores de quentinhas poderão abrir seus restaurantes, os milhares de buracos nas ruas do Rio serão tapados e a brutal desigualdade econômica que nos envolve – das maiores do planeta – será lembrada apenas como uma lenda urbana.

É impressionante como em um país que está "matando cachorro a grito" – com mais de 60 milhões de inadimplentes – o que mais se vê na mídia é a palavra "milhão" (popularizada pela grana dos corruptos). Ninguém fala mais em tostão, coisa de subdesenvolvidos. É milhão para cá, bilhão para lá e trilhão

– doze zeros – para o cofrinho da Previdência. E ficamos todos boquiabertos observando a dança bilionária dos números e apostando nossas esperanças no futuro. Que jeito?

Quando menino sempre ouvia dizer que o Brasil era o país do futuro. Já contornei a curva de chegada e nada de ver o futuro virar presente. Pode ser que, pelas projeções atuais o futuro chegue dentro de 10, 15, 20 anos. Vamos então nos preparar para recebê-lo no aeroporto com toda pompa e circunstância. Sim, porque a partir desse dia as portas do fechado clube do Primeiro Mundo se abrirão para o Brasil e seus habitantes viverão felizes para sempre. Ou não?

O FIM DOS POBRES

Não sei se você já reparou, mas nunca se falou tanto em tanto dinheiro como nos últimos tempos. É milhões para lá, bilhões para cá, seja para o país ganhar ou economizar (a longo prazo). Paulo Guedes chegou até ao trilhão se referindo à Previdência!
    Enquanto isso, do outro lado de *Gotham City*, o número de miseráveis continua crescendo e já são 13 milhões de brasileiros vivendo com menos de 145 reais por mês. O economista Marcelo Neri da FGV afirma que "o país resolveu economizar às custas dos mais pobres". No que faz muito bem. Pobre só atrapalha o desenvolvimento nacional. Não tivéssemos 53 milhões de pessoas vivendo na linha da pobreza – com menos de 402 reais por mês – já teríamos, há tempos, uma cadeira – talvez uma poltrona – no Primeiro Mundo.
    Bem declarou o ministro Paulo Guedes em tom crítico que "os ricos capitalizam seus recursos. Já os pobres consomem tudo". Por que – pergunto eu – ao invés de ficarem consumindo tudo, os pobres não fazem como os ricos e capitalizam seus recursos? Você responderá: porque os pobres não têm recursos! Meia verdade! Tanto têm recursos que, como diz o ministro, consomem tudo. Se o dinheiro gasto por eles consumindo fosse usado para capitalizar seus recursos talvez não houvesse mais pobres no país.

Nesses meses como ministro, o milionário Paulo Guedes já demonstrou que tem horror a pobres. Se pudesse mandaria todos eles a Cuba ou Argentina. Ou os trancafiaria em presídios (de segurança máxima) para evitar que saíssem por aí consumindo tudo e deixassem os ricos capitalizarem seus recursos em paz. Mas quem então faria o trabalho "sujo"? A classe-média? Nunquinha! A classe-média é subalterna dos ricos e também quer capitalizar seus recursozinhos.

Mas Paulo Guedes não vai desistir. Ele segue com uma fidelidade canina às teorias de Delfim Netto que, quando ministro da ditadura, anunciou que era preciso fazer crescer o bolo para depois reparti-lo. Repartir com quem, cara pálida? Só se for entre os ricos porque os pobres estão esperando até hoje pelo seu pedaço de bolo (e vão continuar esperando).

Percebe-se aqui e ali que Guedes não está sozinho nessa cruzada para liquidar com os pobres. Agora mesmo o elitista e perfumado Supremo revelou-se um aliado de peso ao optar pelo trânsito em julgado. Com isso vai permitir que os ricos saiam da cadeia e possam capitalizar seus recursos. Quanto aos pobres, que não podem pagar advogados por 10, 20 anos para empurrarem seus processos, estes continuarão vendo o Sol nascer quadrado. Parabéns ao Supremo que, com essa decisão, está evitando que quase 800 mil presidiários pobres saiam às ruas. Paulo Guedes deve estar exultante.

O TODO PODEROSO

Estamos todos nas mãos do ministro Paulo Guedes, um profissional de sucesso que fez fortuna apostando nos planos econômicos. Neoliberal extremado, se puder privatiza até o Palácio do Planalto. Sua consciência social, no entanto, é do tamanho de um caroço de azeitona. Acusa a pobreza de ser responsável pelo desmatamento da Amazônia, chama os funcionários públicos de parasitas e faz graça para os ricos sobre as empregadas domésticas.

Lembro um trecho do artigo de Paulo Moreira Leite sobre PG para o site Jornalistas pela Democracia: "na sua visão de mundo os explorados, desprotegidos e indefesos devem ser esmagados como insetos que não tiveram competência para obter coisa melhor". Distanciamento social, para Guedes, é a distância que ele mantém dos pobres!

Tomei conhecimento da existência do ministro em uma área que não tem nada a ver com sua passagem pela famigerada Escola de Chicago. Uma bela segunda-feira abro meu jornal e dou de cara com seu nome no alto da página três, página nobre, assinando um artigo sobre economia. Quem é esse cara? Não havia nada que o identificasse ao final do texto. Vai ver é uma colaboração isolada.

Na semana seguinte porém lá estava ele novamente. E na outra e na outra e por uns bons meses bateu ponto às segundas-feiras na página três. Não escrevia mal, mas suas convicções econômicas eram liberais demais para meu gosto e abandonei sua leitura. Mas continuei intrigado com sua presença nas folhas. O cara não é jornalista, nem articulista, nem escritor... Um amigo me informou que Guedes era economista. E o que um economista faz em um espaço nobre e não está lá onde escreve Miriam Leitão?

Algum tempo depois – já tendo parado de escrever – eis que Paulo Guedes reaparece como o todo poderoso Posto Ipiranga do capitão. Até hoje suas colunas permanecem um mistério para mim. Terá sido por amizade com os donos do jornal? Um acordo entre empresários? Ou ele comprou aquele espaço a peso de ouro para divulgar suas ideias e colocá-lo na plataforma de lançamento ao cargo de ministro de Bolsonaro?

Não consegui decifrar esse enigma, mas ao se pôr na vitrine, Paulo Guedes foi "comprado" pelo capitão por preço de liquidação.

O PAÍS DAS DESIGUALDADES

Já escrevi em crônica anterior que o Brasil é o único país deste planetinha mal resolvido que concentra em seu território todas as etapas da História da Civilização. Temos gente vivendo na Pré-História, na Antiguidade, na Idade Média, na contemporaneidade e gente que já vai longe, no pós-moderno.

Em pleno século XXI – e isso é estarrecedor – mais de 30 milhões de brasileiros não têm acesso a água potável e quase metade da população – 104 milhões – sobrevive com esgoto a céu aberto. É um cenário que vem de longe, atravessando vários governos, o que me faz pensar que esses conterrâneos não têm importância ou fazem parte do país invisível.

Pois agora há acenos de mudanças no ar. O Senado aprovou o novo marco legal do saneamento básico e o Governo promete reduzir esse contingente que vive na Idade da Pedra até o fim de... 2033! Pelas contas do Guedes, até lá 90% desses invisíveis terá tratamento de esgoto e 99% ganhará água encanada, caso o país atraia – pelos cálculos do ministro – 700 bilhões de reais em investimentos. Deus te ouça!

De cara o Governo vai rodar a bolsinha das licitações, em Alagoas, Espírito Santo e Rio de Janeiro (com a Cedae) esperando ir para a cama com grupos, de preferência estrangeiros. Há uma excitação generalizada nas hostes oficiais – Guedes deve estar sem dormir – com a possibilidade de entrar uma grana preta que vai ressuscitar nossa Economia. Outro dia o jornal O Globo deu em manchete – "Saneamento – Senado aprova lei que pode atrair investimento de R$ 700 bi".

Não sei quantos leitores acharam natural tal manchete, mas para mim ela mostra bem a cara do nosso capitalismo ($$). Fossemos um país pouquinha coisa preocupado com o social e o título seria outro: "Senado aprova lei que retira 104 milhões de brasileiros da Pré-História".

Resta saber como será a trajetória deste saneamento nos próximos 13 anos. Todos nós sabemos que o país adora projetos a longo prazo. Eles começam cheio de boas intenções, as autoridades trombeteando que vão fazer e acontecer e logo são esquecidos pela mídia, até que um dia brota no noticiário uma suspeita de favorecimento nas licitações, seguida de uma dúvida quanto aos aditivos e uma certeza de compras superfaturadas. No mais das vezes o projeto é abandonado a céu aberto, – há mais de mil deles por aí. Lamentavelmente o Guedes não estará mais no cargo para anunciar que tudo vai mudar e agora o país vai decolar.

BORRA!!

As mais de 130 praias do Nordeste estão salpicadas de borras de petróleo desde meados de setembro e ninguém é capaz de desvendar esse mistério. Quando perguntaram ao Capitão quem seria o responsável, sua primeira resposta foi: "o derrame pode ter sido criminoso". Coisa de comunistas, certamente. Depois aventou outras hipóteses. Ou seja, o sentimento persecutório de Bolsonaro falou mais alto, sempre fala. Ele acha que há um complô internacional – que inclui inclusive o Papa – contra ele e seu governo. Querem esculhambá-lo perante o mundo!

Talvez ele não saiba – e não sabe muito – mas há em seu governo um grupo que trabalha febril para cristianizar o país. Taí o presidente da FUNARTE, Roberto Alvim, que quer fazer do Glauce Rocha o primeiro teatro (dos muitos que virão) destinado ao público cristão.

Pois foi esse grupo reunido no gabinete do ministro do Meio Ambiente que articulou o plano para espalhar as borras e assim interditar as praias do nosso litoral.

– Todas elas? – indagou o ministro Osmar Terra
– Toda não. Só as do Nordeste...
– Por que só as do Nordeste?
– É lá que se concentram os governos do PT!
Começaram a surgir as ideias para a tal interdição.

— Podemos colocar umas placas "Cuidado com os tubarões!"
— Não temos tantos tubarões assim, não no mar. É melhor botar "Praia interditada para manobras militares!"
— Ou fincar umas bandeiras vermelhas...
— Vermelhas? E fazer propaganda do PT? Nem pensar...
— Por que não sujamos as praias? Vamos deixá-las como a de Copacabana depois do réveillon.
— Quem vai sujar? Você? São mais de 100 praias... Não podemos deixar rastros...
— Já sei! Que tal espalharmos manchas de óleo, muitas manchas. Óleo cru, aqueles assustadores que parecem bosta de vaca...
— Boa ideia. Vamos pedir um navio emprestado à Petrobras...
— Assim o presidente vai tomar conhecimento de quem está sujando as praias...
— Ele não vai saber. Está mais preocupado com o auxílio emergencial para garantir sua reeleição.

Nisso, entra um diretor da Petrobras que, chamado, quis saber a razão da interdição das praias.

— Precisamos pôr um fim na pouca vergonha daquelas mulheres nordestinas de fio dental, bunda de fora ou daqui a pouco tá todo mundo nu! Neste governo as praias serão destinadas ao público cristão.

Acredita que até hoje o Governo desconhece quem espalhou, como diria Bolsonaro, a porra das borras!

O ABSURDO DA VEZ

Os políticos não aprendem (raríssimas exceções). Em qualquer pesquisa que se faça para avaliar o grau de confiança nas instituições a classe política aparece sempre em último lugar, atrás da imprensa, dos bombeiros, dos garis, da Polícia Federal, das prostitutas e de tudo mais. Fosse um torneio e os políticos já teriam caído para a segunda divisão. Eles não aprendem ou estão se lixando para o país e seu povo.

O absurdo da vez está na grana preta que eles pedem para seu Fundo Eleitoral. No Orçamento da União o Governo previu 2,5 bilhões para financiar campanhas nas eleições municipais de 2020. Mas esses insaciáveis querem mais, muito mais e avançam como urubus na carniça para morderem 3,8 bilhões (em 2018 o Fundo recebeu 1,7 bilhões) do suado e escasso dinheirinho da nação. De onde pretendem retirar essa grana?

Os líderes dos 13 partidos que solicitaram o aumento no valor do Fundo fizeram uma reunião para discutir onde "depenariam" o Orçamento.

– Podemos tirar da Cultura!
– Seria ótimo! Só que se tirarmos mais a Cultura acaba!
– Então vamos retirar das Forças Armadas!
– Ficou maluco? Os homens já estão falando em AI-5...
– Por que não buscamos na verba de habitação?

– É uma ideia! O país já tem casas demais. Só o nobre deputado aqui tem três, uma em Brasília, outra no Rio e outra em Angra...

– Podemos apanhar – disse outro lendo o Orçamento – uns 380 milhões da habitação e do saneamento.

– E o resto?

– Que tal a Educação?

– Bem pensado! Vamos tirar 280 milhões. O ministro Weintraub vai gostar. Vai poder dizer às universidades que está sem dinheiro...

– Que mais? O Orçamento tem muitas brechas. Podemos tirar uma coisinha aqui, outra ali... ninguém vai se importar.

– Ainda assim vamos precisar de mais alguns milhões para fechar a conta.

– Pegamos da Saúde que tem uma baita verba orçamentaria. Podemos pegar uns 300 milhões...

– Será que não vai fazer falta para a população?

– Que população, cara? Todos nós aqui temos seguro de saúde. Vamos tirar logo meio bilhão!

– Perfeito!

Os líderes fecharam a conta dos 3,8 bilhões e saíram todos felizes e sorridentes da reunião. Alguém aqui acredita que toda essa dinheirama irá para as campanhas dos políticos?

MANIA DE PERSEGUIÇÃO

Foi em uma madrugada chuvosa e trovejante que Bolsonero de repente deu um salto na cama e apavorado procurou sua arma embaixo do travesseiro. Sem encontrá-la começou a gritar:
– Cadê minha pistola? Estou cercado! Me dá um revólver, uma metralhadora... rápido!
A mulher ao seu lado acordou assustada:
– Que está acontecendo Jair? Fica calmo! Não há ninguém no quarto além de nós dois!
– E onde estão aqueles caras? – Bolsonero rodava a cabeça, olhava debaixo da cama.
– Que caras, querido?
– Tinha um monte de caras a volta da cama, procuradores, gente da Receita, delegados da Polícia Federal, ambientalistas, onguistas... eu vi até o presidente da França!
– Foi só um pesadelo, Jair...
– Não, não! Eles querem me derrubar, acabar comigo...
Pode ser que exista, mas não conheço ninguém com tamanha mania de perseguição. Chega às raias do delírio persecutório, que se manifesta quando o indivíduo acredita que está sendo vítima de conspiração, espionagem, traição, envenenamento e por aí vai (Freud tem um trabalho a respeito). Os indivíduos com DP sentem com frequência raiva e ressentimento,

podendo recorrer à agressão – verbal que seja – àqueles que o estão prejudicando, obstruindo seus objetivos.

Mas não é apenas na vida pública que Bolsonero expressa seu transtorno delirante. Também no recesso do lar, no Alvorada ele mantém os empregados sob estreita vigilância. Tem três seguranças na cozinha acompanhando de perto o preparo de suas refeições. Com medo de ser envenenado tem dois mordomos que antes dele provam suas bebidas. No dia em que viu um rosto desconhecido entre os serviçais foi direto à mulher pedir explicações:

– Como é que você emprega uma camareira nova sem me consultar?

– Achei que não precisava.

– Claro que precisa. Eu sou o presidente da República e preciso saber de tudo que está ao meu redor...

– É uma moça educada, lá da favela Sol Nascente onde morava minha família...

– Procurou saber o viés ideológico dela?

– Não pensei nisso Jair...

– Mas tem que pensar! Há uma conspiração em marcha contra mim. Será que você não percebe? Quem sabe ela não é uma terrorista infiltrada?

– Jair para com essa mania!

– Mania? A conspiração só faz crescer. Agora está todo o mundo contra mim. Até a ONU! Querem me tirar da presidência. O único amigo que me resta é o Trump.

O telefone tocou. Era o presidente dos Estados Unidos ameaçando retalhar o Brasil se Bolsonero subir a tarifa do etanol.

22 DE ABRIL

Não sei se vocês tomaram conhecimento da história daqueles dois perigosos meliantes que fugiram do camburão e como estavam com as mãos amarradas nas costas e venda nos olhos saíram correndo sem destino tentando encontrar o esconderijo do resto do bando. Sem saber pararam debaixo de uma janela do Palácio do Planalto onde Bolsonaro se reunia com seu ministério.
De repente um deles escutou uma voz gritando:
"**Caralho! Puta que o pariu! Foda-se!**"
– Acho que estamos próximo ao esconderijo – comentou – A rapaziada pega pesado no palavreado.
Os dois silenciaram e ficaram ouvindo para se certificar.
"**Tá na merda, porra?**"
– Acho que é aqui mesmo. Deve ter algum compadre sem grana...
"**O que os caras querem é nossa hemorroida!**"
– O chefe tem razão. É isso que a polícia quer...
"**Eu por mim botava esses vagabundos todos na cadeia.**"
– Foi o que o delegado disse pro chefe – comentou um dos meliantes – É aqui mesmo! Vamos gritar para eles virem nos soltar...
– Espera um pouco – disse o outro – Vamos ouvir mais...

"**Botar prefeitos e governadores na prisão.**"
– O chefe está falando dos nossos sonhos. Tomara que consigam...
"**É uma putaria desse filho da puta!**"
– Tem alguém na bronca com alguém. Eu vou gritar – disse e gritou – Ei rapaziada! Alguém aí venha nos soltar!
A discussão no "esconderijo" aumentava e quando o meliante gritou, por coincidência ouviu-se uma voz.
"**Vai tomar no cu!**"
Os dois ficaram sem entender.
– Será que é aqui mesmo o esconderijo?
"**... ir passando a boiada.**"
– Acho que não. Nunca soube que o chefe criava gado. Vamos nos mandar...
– Peraí! Talvez seja...
"**Quero todo mundo armado!**"
– É aqui! Não disse? É aqui! Esse é um desejo antigo do chefe.
Começaram a gritar para cima (as vozes pareciam vir da laje do "esconderijo").
– Tirem a gente daqui! Venham nos soltar. Não estamos enxergando...
Mas o que os dois ouviram foi uma voz dizendo:
"**... pode haver consequências imprevisíveis para a estabilidade nacional.**"
Um virou-se para o outro e comentou:
– Porra, não pensei que fossemos tão importantes.

MEIA VOLTA, VOLVER 2

Os que vêm de longe lembram que o golpe militar de 1964 foi deflagrado a partir de Juiz de Fora, Minas Gerais, pelos generais Olímpio Mourão Filho, comandante da 4ª Região Militar e Carlos Luís Guedes, comandante da Infantaria Divisória.

Na tropa que marcharia na direção da Guanabara estava o tenente de artilharia Jair Messias Bolsonaro que momentos antes da partida sofreu grave ferimento na cozinha do quartel, teve seu corpo congelado por um processo de criogenia ($-196°C$) e só recentemente voltou à vida no hospital de Juiz de Fora, onde servia. O capitão acordou meio tonto, meio assustado e foi logo perguntando aos médicos à sua volta:

– Acabamos com os comunistas?

– Ainda restam alguns por aí – respondeu um dos médicos.

– Precisamos liquidá-los! Cadê meu fuzil?

Os médicos acharam melhor deixá-lo pensando que ainda estava em 1964. Afinal ficou mais de meio século congelado, atualizá-lo de repente poderia causar-lhe um choque fatal.

– O senhor não precisa mais do seu fuzil. A Revolução venceu!

– E não me disseram nada! – reclamou o capitão – Onde está o general Mourão?

– Em Brasília! – respondeu um médico que distraído, comentou – Ele é seu vice-presidente

– Meu? Como assim? Eu sou seu subordinado na 4ª Região – a ficha caiu – Peraí! Eu sou presidente de quê?

Os médicos resolveram abrir o jogo:

– Da República Federativa do Brasil!

– É mesmo? Quem disse?

– O senhor foi eleito e nem precisou fazer campanha depois do acidente aqui em Juiz de Fora...

– Lembro da faca na cozinha – Bolsonaro permanecia confuso – Que fim levou o comandante Guedes?

– O senhor indicou-o para o ministério da Economia.

– E o Castelo Branco?

– Vai ser o presidente da Petrobras!

– Ótimo! O marechal entende de petróleo! Quem foi o último militar a ocupar a presidência?

– O general João Baptista Figueiredo!

– Não lembro dele ter me passado a faixa!

Os médicos perceberam que Bolsonaro estava cada vez mais confuso e resolveram fazer um resumo da sucessão presidencial desde a redemocratização. O capitão ouviu em silêncio sobre a morte de Tancredo, o desgoverno de Sarney, o impeachment de Collor, o impeachment de Dilma, a prisão de Lula e ao final comentou:

– Que tempos difíceis! Ainda bem que não vivi para ver. É nisso que dá entregar o poder aos civis!

– Mas agora capitão – disse um médico mais otimista – com sua eleição vamos viver novos tempos.

– Negativo – reagiu Bolsonaro irritado – Perdi os anos dourados desse país. Quero voltar aos tempos da Revolução!

O NOVO NORMAL

Tudo começou ao final daquele inacreditável pandemônio ministerial de 22 de abril. Estarrecidos com o comportamento do capitão Messias, os generais consideraram que já era hora de botar um freio nos seus desatinos ou logo ele seria metido em uma camisa de força e não haveria Forças Armadas nem desarmadas capazes de evitar um cartão vermelho.

Foi marcada uma reunião secreta no Jaburu, onde os generais discutiriam o que fazer para conter o capitão Messias. O general A saiu na frente:

– Que tal sugerirmos a psicanálise? Duas sessões por semana...

– É pouco! – reagiu o general B – No mínimo três!

– Parece que vocês não conhecem o capitão. Ele vai botar o psicanalista no divã!

– Que tal um pastor para conversar com ele em particular?

– Um só? Acho melhor um grupo... seis ou sete...

– Não vai adiantar... Ele ficará repetindo "Deus acima de tudo" e ninguém vai convencê-lo de que Deus não está gostando do seu comportamento...

– Vamos pedir aos filhos para falarem com ele.

– Tá maluco? Ele vai piorar. Os filhos vivem botando pilha...

– Por que não tentamos a hipnose?

– Só se alguém conseguir amarrá-lo na cadeira...

Os generais permaneceram algum tempo em silêncio, procurando uma solução, até que um deles deu uma ideia:

– Só há um jeito. Vamos partir para a lobotomia!

– Mas ele já não fez essa cirurgia?

– Fez! Mas não deu certo! Tiraram um pedaço errado do cérebro e ele piorou, passou a ter delírios, alucinações, desordens paranoicas... Você não viu na reunião ministerial?

Os generais foram ao capitão Messias afirmando que desta vez não haveria erro. O presidente, que já se mostrou a favor dos eletrochoques, concordou com a segunda intervenção, admitindo que estava passando dos limites. Uma junta médica foi ao Aclamação explicar os novos procedimentos: seria uma cirurgia transorbital que seccionaria as vias que ligam as regiões pré-frontais e o tálamo.

– Fica tranquilo presidente – disse-lhe o doutor – Vai ser como tirar um plugue da tomada.

No dia 20 de junho, depois da intervenção Bolsonaro apareceu em público revelando-se amável, cordial, tolerante, sem usar expressões chulas – e o melhor de tudo – sem preconceitos. Seu olhar, no entanto, meio abestalhado, preocupou os generais que resolveram fazer um teste. Apresentaram-lhe um comunista que ele não só cumprimentou como ainda disse "muito prazer".

Ratificando o sucesso da cirurgia Bolsonaro dirigiu-se às famílias das vítimas do Corona com um sanfoneiro às suas costas e mais, liberou 3 bilhões para a Cultura! Incrível! O país agora é governado por um outro homem que abandonou o velho normal e adotou o "novo normal" antes mesmo do fim da pandemia, que aliás ele continua chamando de gripezinha.

NO PAÍS DOS PINOCCHIOS

Quando perguntaram ao deputado Daniel Silveira, da turma dos Bolsonaros, sobre o ataque ao Supremo naquela noite de sábado, ele respondeu:
– Que ataque? Aquilo foi um ato religioso!
– Com fogos de artifício?
– Para manifestar nossa alegria...
– Diante do Supremo?
– Quem mandou o Supremo ficar na frente?
Quando perguntaram ao Bolsonaro por que Wally Queiroz estava naquela casa em Atibaia ele respondeu:
– Porque a casa fica próxima ao hospital onde ele faz tratamento...
– Mas em um ano ele nunca saiu de casa!
– Ele se trata pelo Instagram!
Quando criticou Witzel, governador do Rio de Janeiro, Flávio Bolsonaro de passagem qualificou Wally Queiroz:
– ... é um cara correto, trabalhador.
Quando em entrevista à Folha em maio de 2019, perguntaram a Flávio se tinha contato com Wally Queiroz, ele respondeu:
– Nunca mais falei com ele!
– Nem por libras?
– Nada. Zero!

Quando perguntaram ao doutor Wassef, advogado da família Bolsonaro, se sabia onde estava Wally Queiroz, ele respondeu:
– Não tenho a menor ideia!
– Pois a Polícia vai buscá-lo amanhã em sua casa em Atibaia!
– Não acredito! Tem certeza de que é ele mesmo?
Dia seguinte às seis da matina a Polícia e o doutor Wassef entraram na casa e encontraram Wally Queiroz dormindo debaixo das cobertas.
– Reconhece esse cidadão? – indagou o policial ao advogado
– Não tenho a menor ideia de quem seja!
– Essa careca não lhe diz nada?
– Nada. Mas é uma bela careca. Lembra meu pai.
– Trata-se do procurado Fabricio Queiroz.
– É mesmo? Puxa! Como ele está mudado!
– Como é que ele veio parar aqui, em sua casa?
– Deve ter pulado o muro!
– Por todo esse tempo o senhor não esteve com ele?
– Nem por um minuto! Achei que ele tinha seguido as instruções da família e estava em outro lugar...
– Onde?
– Escondido aqui em Atibaia..., mas naquele sítio!

COMO FUNCIONA ESTE PAÍS

O telefone tocou no gabinete de Bolsonaro.
– Alô! Presidente! Aqui é seu amor à primeira vista do Judiciário.
– Fala Noronha! Quanto tempo! Quando foi a última vez que nos falamos?
– Quando impedi a divulgação dos seus exames médicos.
– Agora eu tive que divulgar...
– Porque quis! Se tivesse me falado...
– Afinal o que você vai poder fazer pelo meu amigo Queiroz?
– É sobre isso que quero lhe falar. Mas antes me diz uma coisa, só por curiosidade. O senhor já escolheu alguém para a vaga do Supremo?
– Ainda estou pensando querido...
– Estou com vontade de tirar o Queiroz da prisão em Gericinó. Que o senhor acha?
– Muito justo! Vai mandá-lo para onde?
– Para onde o senhor quiser...
– Manda-o para casa, coitado...
– Não posso simplesmente soltá-lo e mandá-lo para casa, presidente...
– Tenho pensado muito em um nome do meu gabinete para o Supremo – retrucou o capitão capcioso.

– ... mas posso deixá-lo em prisão domiciliar – recuou Noronha de olho no Supremo – Ele poderá dormir em casa, comer em casa, tomar banho em casa, fazer tudo em casa como qualquer um de nós...
– E quanto à mulher dele?
– Não há nada a fazer, presidente. Ela é uma foragida da justiça...
– Você acha que o Jorge do meu gabinete é um bom nome para o Supremo?
– ..., mas posso arranjar um jeito de deixar dona Marcia em casa também. Alego que o Queiroz vai precisar de alguém que cuide dele.
– É verdade que em prisão domiciliar eles não vão poder usar telefone, computador, internet...?
– Infelizmente é verdade, presidente.
– O Aras é um forte candidato ao Supremo.
– ..., mas essas restrições são apenas proforma, presidente. Não vamos ser tão rigorosos. Eles vão poder levar a vida que levavam escondidos em Atibaia
– E quanto às tornozeleiras eletrônicas?
– Infelizmente vão ter que usá-las.
– Eu gostaria de indicar um evangélico para o Supremo!
– É mesmo? Tenho pensado em me converter...
– Ótimo! E se você mais a frente admitir a inocência de Queiroz talvez fique com a vaga do Supremo...
– Deixa comigo, presidente!
Noronha desligou o telefone e virou-se para a mulher:
– Você está olhando para o futuro ministro do STF!!

A GRANDE JOGADA

Na calada do recesso do Judiciário um dos advogados de Flávio Bolsonaro foi até Toffoli informando que iria entrar com um recurso no STF contra o Ministério Público do Rio que quebrou o sigilo de seu cliente sem autorização judicial. O ministro respondeu na bucha:
— Pode entrar com recurso, mas eu não darei provimento...
— Por que não? – reagiu o causídico
— Porque em 2016 eu e outros oito ministros do Supremo votamos a favor dessas investigações...
O advogado apelou:
— Poxa ministro! Quebra esse galho para mim. O rapaz é filho do presidente da República.
Toffoli não titubeou:
— Podia ser filho do Papa!
O advogado saiu com o rabinho entre as pernas e meia hora depois o ministro recebeu um telefonema.
— Toffoli? Aqui é o Jair Bolsonaro. Preciso que vocês aí no Supremo acabem com essas investigações sobre meu filho taokey? Ele é inocente e não se pode quebrar o sigilo bancário de um inocente sem mais nem menos. Nem eu sei quanto ele tem no banco...
Toffoli tratou de botar o galho dentro:

– Verei o que posso fazer, presidente, na volta do recesso do Supremo...
– Vai demorar muito. Vai lá no Supremo e dê andamento ao recurso.
– Mas, presidente, eu não tenho como reunir os ministros para uma plenária.
– Melhor ainda. Você decide sozinho...
Pergunta se foi o que aconteceu?

EM PÉ DE GUERRA

Creio já ser do conhecimento geral a novidade no Orçamento da União para 2021. A Educação vai perder 13,1% e a Saúde 5% dos seus recursos. Em compensação os recursos do Ministério da Defesa pela primeira vez vão superar os da Educação. Muito justo! O Brasil já está quase todo educado (breve vai superar a Suécia) e quanto à Saúde é o caso de se perguntar: "Espelho, espelho meu, existe um país mais saudável do que o nosso?"

Quem precisa de Educação e Saúde numa hora dessas em que o mundo está à flor da pele? A América do Sul é um barril de pólvora prestes a explodir – uma espécie de Oriente Médio dos trópicos – e precisamos ter os militares preparados para enfrentar os inimigos nos nossos calcanhares.

A Venezuela já está invadindo Roraima aos poucos, mas o perigo vem de outro vizinho. Não se surpreendam se começarmos uma nova edição da guerra do Paraguai. Há uma tensão crescente entre nós e eles, provocada pela fortuna de Dario Messer, o doleiro dos doleiros.

Messer está preso no Brasil e aqui será julgado, mas o Paraguai reivindica parte dos seus bilhões de dólares alegando que a maior parte dos seus bens se encontra em seu território. A corda está esticando e desta vez não contaremos com a ajuda dos uruguaios, argentinos e ingleses (estes, por trás do pano) como no século XIX. Se com esta tríplice aliança levamos seis anos para derrotar os paraguaios, imaginem agora que estaremos sozinhos nesta guerra!

Temos que organizar nossas defesas. Espero que o reforço no orçamento nos permita comprar meia dúzia de mísseis para instalarmos na base naval de Ladário, Mato Grosso do Sul. Um desavisado perguntará: o que faz uma base da Marinha tão longe do mar? Simples. Trata-se de uma base fluvial, à margem direita do rio Paraguai, instalada para deter as forças de Solano Lopes. Fez muito bem o Brasil em mantê-la até hoje. Vai que o Paraguai queira ir à forra!

PARÁGRAFO ÚNICO

Na abertura da nossa Carta Magna – "Dos Princípios Fundamentais" – o art.1º declara com toda pompa e circunstância que um dos fundamentos da República é a "dignidade da pessoa humana". Bem fez a Carta em acrescentar "humana" à pessoa porque um desavisado poderia pensar em qualquer outro tipo de pessoa. Pergunta: dá para contar quantas pessoas humanas vivem sem dignidade neste Patropi? Só uma dica: mais da metade da população convive com esgoto a céu aberto!!

Logo abaixo o parágrafo único do art. 1º afirma que "todo poder emana do povo que o exerce por meio de seus representantes (...)."

Nunca entendi esse parágrafo único: se todo poder emana do povo por que será que o povo, que tem o poder original, vive de um modo geral em uma merda que faz gosto e seus representantes desfrutam de altos salários, regalias e mordomias?

Sem povo não haveria representantes, logo esses são dependentes daquele, mas se comportam – os representantes – como se o poder emanasse deles e do povo emanasse... talvez um pum!

Os representantes do povo deveriam viver como aqueles que representam e de onde, afinal emana todo o poder (?). Deveriam frequentar as filas do INSS, deitar-se nos corredores dos hospitais públicos, levar anos para marcar uma cirurgia, beber água do Guandu, utilizar o transporte público, apagar incêndios, arregaçar as calças e ajudar as vítimas das enchentes, no mínimo por uma questão de gratidão ao povo que lhe transfere tanto poder e privilégios.

O povo e seus representantes deveriam ter uma ligação umbilical, mas parecem dois estranhos no ninho. Falam a mesma língua, cantam o mesmo hino, usam a mesma moeda, mas não convivem no mesmo país. Nossos representantes precisam entender que o poder colocado pelo povo no seu colo não é para que eles legislem em causa própria, enriqueçam, elejam filhos e parentes, se envolvam em tramoias e rachadinhas. Esse poder é concedido na expectativa de que os representantes trabalhem para diminuir a diferença abissal entre eles e seu representados. Nada mais óbvio e natural.

Em pleno século XXI o Brasil, uma das maiores economias do mundo, continua aprofundando a desigualdade social. Significa dizer que esse texto da Constituição não passa de uma fake news. O poder emana mesmo é dos nossos representantes que depois de eleitos distribuem migalhas – se tanto – àquelas pessoas humanas que buscam sua dignidade.

Algo precisa ser feito para que o povo receba os dividendos do seu poder ou então que se dê outra redação ao tal parágrafo único:

"Nenhum poder emana do povo a não ser aquele que beneficia seus representantes."

SALVE OS MILICOS

O jornalista Zuenir Ventura publicou em sua coluna que a direita dos tempos da ditadura – que ditadura? perguntará o capitão – era bem mais inteligente do que a de hoje. Pudera! Naquela época não havia o espiroqueta que atualmente orquestra os ideais nazifascistas.

É inacreditável que o tal do Olavo de Carvalho, um pobre de espírito, lá de longe, consiga semear por controle remoto o ódio entre nós, com o beneplácito do Governo. O que pretende o capitão fechando os olhos para tamanhas barbaridades? Será que no fundo – e no raso – concorda com elas? Ou será que está imobilizado pelo filho que reproduz aqui as palavras (não os palavrões) do Olava-jato?

Ao contrário da direita paisana – digo eu – os militares de hoje são bem mais inteligentes do que os da ditadura – que ditadura? perguntará o capitão. São sóbrios, respeitosos, não abrem a boca para dizer besteiras – ah! que saudades do Stan – e o melhor de tudo: comportam-se como autênticos democratas descrentes da tal ameaça comunista que tirava o sono dos seus coleguinhas do passado. O passado, no entanto, permanece presente na cabeça do atual Governo.

Nunca pensei que algum dia fosse ficar do lado dos militares. Durante os anos da ditadura – que ditadura? perguntará o capitão – deixei de falar com os 23 militares do Exército e Marinha da minha família. Limitava-me a cumprimentá-los nos velórios e festas de aniversário. No dia que meu querido pai – da Marinha – anunciou em um almoço que "os padres estão virando comunistas!" sugeri à minha mãe que saíssemos da mesa e deixássemos o almirante falando sozinho.

Agora me reconciliei com eles e fiz uma autocrítica diante dos três sobreviventes da família, reconhecendo inclusive que no passado os militares formaram a comissão de frente do Golpe convencidos pela classe dominante de que o presidente João Goulart pretendia se transformar num Stalin tupiniquim.

Os militares, admitamos, não entendem nada – estão aprendendo – desse jogo político, sinuoso, às vezes vergonhoso. Vivem em outra dimensão, não estão sujeitos às leis do mercado, não têm patrão, não sofrem o desemprego, não saem às ruas pedindo aumento, não trabalham para o enriquecimento de outros homens. Para eles dois mais dois são quatro. Para os políticos, dependendo das vantagens que obtiverem, pode ser quatro, cinco ou seis.

ME DÁ UM DINHEIRO AÍ

Bolsonaro está atrás de uma grana para distribuir entre os pobres (ou paupérrimos?). Mas não vão pensando que essa procura vem de sua consciência social ou de sua indignação com o tamanho da pobreza nesse Patropi. O Capitão está é de olho na sua reeleição em 2022 e descobriu – com o tal auxílio emergencial – que melhor do que um programa de Governo, melhor do que fazer *lives*, levar facada, participar de debates, é distribuir uma graninha para os informais e invisíveis. Eis a fórmula de sucesso em uma democracia onde mais da metade da população convive com esgotos a céu aberto.

A questão agora – que dá o que falar – é: onde buscar esse dinheiro? pergunta que o cidadão comum faz em casa, diante da família, quando as dívidas batem à sua porta (ameaçando arrombá-la!). Às vezes até conseguimos correr a um banco e levantar um empréstimo a juros que são a alegria do capitalismo. Ou então recorremos a uma dessas financeiras que anunciam na televisão sem revelar os juros (escorchantes) cobrados.

O Governo tem vários bancos à sua disposição, mas se sacar essa grana preta todos os meses para mais de 60 milhões de pessoas, o país teria que entrar em recuperação judicial. Pensou-se então em apelar para o chamado teto de gastos. Por que não elevar o teto às alturas do pé direito dos velhos casarões?

Porque tal providência teria que passar pelo Congresso e periga do mestre de obras Rodrigo Maia rebaixar esse teto.

O Ministério da Economia nesses dias mais parece uma máquina de calcular, fazendo contas e mais contas, um trabalho febril e insano, para mostrar a Bolsonaro de onde ele pode tirar essa dinheirama. Foi lhe apresentada a solução dos precatórios: o Governo ao invés de pagar a quem deve, iria distribuir a grana para quem deve muito mais, os ditos informais e invisíveis. A gritaria da opinião pública foi tanta que levou o ministro Paulo Guedes à televisão para declarar que o Brasil é um país sério e costuma pagar suas contas em dia (pigarros do escriba).

Sem muitas opções o Governo resolveu então procurar essa grana em alguma de suas 1.538 instituições, fundações e autarquias. A escolhida foi o FUNDEB, que cuida da educação (básica). O tal cara que optou pelo Fundo deveria ser preso, mas várias autoridades governamentais embarcaram na ideia. Por que não? Quanto menos dinheiro para a Educação, melhor para o Governo. Se esse povo for educado a tendência é diminuir o número de pobres. E sem pobres como Bolsonaro será reeleito?

TÔ FORA

Decidi: não me manifesto mais sobre corrupção, escândalos e tragédias. Por favor não me contem mais nada sobre o Queiroz e o Flávio Bolsonaro, não me parem na rua para dizer que até hoje a Samarco não indenizou as vítimas de Mariana; não me convidem a reuniões sociais para comentar sobre dinheiro nas cuecas.

Na quarta-feira – dia do temporal no Rio – fui ao aniversário de um amigo e acabei na copa conversando com a cozinheira sobre nossas fantasias para o Carnaval. Na sala, todos de olho no noticiário da TV, só se ouvia reações do tipo: "Que absurdo!", "Que loucura!", "Olha a enxurrada!", "Cadê o Prefeito?", sem falar no pânico que se apossou das pessoas: "Meu Deus, deixei a janela aberta!", "Como é que vou para casa?", "Meu tio está ilhado no hotel Sheraton!". Dormimos com uma tragédia e acordamos com outra tragédia: a morte dos meninos no CT do Flamengo.

Chega! Constatei que 87,3% das vezes que abro a boca ao longo de um dia é para me indignar. Significa dizer que me restam apenas 12,7% para conversar sobre amenidades como futebol, sexo e literatura. Descobri que minhas despesas com médicos e medicamentos crescem na proporção direta da minha indignação com esse estado de coisas. Só mesmo a Receita me trouxe alguma alegria ao revelar as trapaças bancárias de Gilmar Mendes.

A cada escândalo ou tragédia minha taxa de revolta vai para o espaço arrastando com ela os açúcares, lipídios, colesteróis e pressão arterial. Sinto náuseas, micoses, cefaleias e diarreias. Se não recorro aos soníferos torno-me chato, amargo, irritadiço e acaba sobrando para as pessoas a minha volta. Minha mulher foi para a casa da irmã. Quando pedi para reconsiderar dizendo que eram as tragédias e principalmente seus causadores – Vale, Crivella, Bolsonaro, Flamengo etc. – que me tornavam insuportável, ela respondeu: "Então quando terminarem as tragédias eu volto!" Quer dizer, não volta nunca mais.

Confesso que às vezes bate saudades dos anos plúmbeos da ditadura, aqueles tempos em que ao lado da Justiça cega, do Governo surdo e da Mídia muda tocávamos nossas vidinhas na doce ilusão de que o Golpe Militar extinguiria a corrupção, os escândalos e as tragédias. Tempos aqueles em que éramos barrados no baile pelo Censor e não sabíamos de nada. Bem melhores do que os atuais em que sabemos de tudo e não fazemos nada.

RUMO AO TÍTULO

O Brasil avançava no número de infectados pelo vírus e o general entrou eufórico no gabinete de Bolsonaro:
– Presidente! Passamos a França!
– Já? – o Capitão reagiu sorridente
– Com o ritmo que o senhor está imprimindo logo estaremos na liderança
– Qual é a nossa colocação?
– Estamos em sexto. Ontem passamos a Alemanha...
– Bravo! Não podemos esmorecer. Quem está na nossa frente?
– Estados Unidos, Rússia, Espanha, Reino Unido e Itália...
Bolsonaro conferiu os países e exultou:
– Enfim chegamos ao Primeiro Mundo!
– Bem disse o senhor na campanha que iria mudar o país!
– Chega de ficarmos misturados a esses cucarachos sem futuro, Peru, Colômbia, Guatemala, Argentina...
– Temos que continuar subindo na tabela – acrescentou o general – Por que o senhor não libera algumas atividades essenciais?
– Já liberei três! Academia de ginástica, salão de beleza e barbearia...

— Quem sabe não foi por isso que passamos a França? Libera mais, presidente. Hoje em dia quase ninguém vai à barbearia. Não viu seu amigo Toffoli? Fez a barba em casa.

— Você não percebeu que liberei as barbearias porque o barbeiro e o cliente ficam muito próximos?

— Entendi. Realmente não dá para fazer a barba nem cortar cabelo obedecendo o distanciamento. – o general fez uma gracinha – Ainda não há controle remoto nas barbearias...

— Agora estou com vontade de liberar as casas de massagem. Que você acha?

— Perfeito presidente! Se é para acabar com o distanciamento não vejo nada melhor...

— Talvez inclua também nas atividades essenciais os salões de dança e os bailes funk...

— Acho um exagero! O que o senhor vai alegar?

— Que as pessoas precisam se divertir antes de pegar o vírus...

— É possível que assim o Brasil ultrapasse a Itália e fique em quinto lugar...

Bolsonaro fez uma expressão sonhadora e retrucou:

— Meu objetivo é encostar nos Estados Unidos.

O DIRETOR-GERAL

Outro dia, deixando a pé a sede da OMS em Genebra, Tedros Adhanon foi cercado por uma pequena multidão pedindo-lhe selfies e autógrafos. O etíope, 55 anos, virou um pop star tal o número de vezes em que aparece na mídia falando da pandemia que assola nosso mundinho.

Mas não são todos que admiram seu trabalho. Nos Estados Unidos – e por espírito de imitação no Brasil – muita gente cai de pau nele por ser apenas biólogo, sem diploma em Medicina. Ora, Adhanon é um microbiologista de renome internacional, com doutorado na U. de Nottingham e mestrado em imunologia na U. de Londres.

Já no Brasil o buraco é mais embaixo. Eduardo Bolsonaro e o ministro Ernesto Araújo lideram uma corrente que considera Adhanon um marxista que montou um plano diabólico com a China para espalhar o que Ernesto chama de "comunavirus", reduzir – ou acabar – com as populações de países capitalistas e dominar o mundo. Ora, o etíope foi eleito em 2017 pela Assembleia Mundial de Saúde onde certamente os comunistas não são maioria. Aliás pelas minhas contas existem apenas três países vermelhos no planeta: Cuba, China e Vietnã, sendo que os dois últimos são, digamos "comunistas de mercado".

Dá para imaginar uma visita de Adhanon ao Brasil? Já começaria sendo malhado nas redes pela corriola do Bolsonaro. Não satisfeitos os mais militantes abririam faixas no seu desembarque: "Fora OMS", "Biólogo não é Médico", "Adhanon comunista!", "Deixa nossos vírus em paz!"

Bolsonaro não queria recebê-lo:

– Não tenho nada a tratar com esse cara!

– Mas o senhor é o presidente da República...

– E daí? Digam que estou infectado. Manda o Ministro Pazuello...

– O ministro é paraquedista, não entende nada do que está ocorrendo no país. Vai se enrolar todo...

Os militares, a muito custo, conseguiram convencer o presidente.

– Manda ele entrar! – gritou Bolsonaro de cara amarrada.

Sobre sua mesa ele empilhou, bem a vista, um monte de embalagens de cloroquina.

Adhanon cumprimentou-o naquele inglês arrevesado e revelou sua satisfação em pisar nessa terra maravilhosa, de tanto futebol e carnaval. Em seguida mostrou sua preocupação com os números da pandemia, mais de mil mortes diariamente.

– E daí senhor Tredos... Detros... Tedros? – reagiu o presidente – Todo mundo tem que morrer um dia...

– A curva não está descendo, presidente...

– E daí? Aqui no Brasil não corremos nas curvas...

– O senhor está estimulando a população a usar cloroquina. Já ficou provado...

– Por favor – cortou Bolsonaro desafiador – Não venha me dizer o que fazer. O que o senhor entende de vírus? O senhor nem é médico!

A conversa não avançou muito em função das divergências de pontos de vista. Adhanon despediu-se e quando deixava o gabinete Bolsonaro chamou-o:

– Ei! Senhor! Toma! Leva essas três caixas de cloroquina. Pode tomá-las… por minha conta!

O PLANO

Talvez um ou outro ainda não saiba, mas essas magníficas aglomerações na porta da Caixa em todo o país não é obra do acaso nem incúria dos governantes. Resultou de um plano bem urdido de Bolsonaro para acabar com o distanciamento social. Pode ser mais óbvio?
Muita gente pensou que a iniciativa teria partido do ministro Guedes que reconhecidamente não gosta de pobre, nem de informais, nem de invisíveis e está louco para privatizar a Caixa Econômica (e tudo mais). Não foi por outras razões que custou a soltar a grana.
Quando Bolsonaro expôs seu plano aos generais um deles comentou:
– Não vai dar certo. O presidente da Caixa fez tudo certinho e não há no Brasil tantos pobres e informais que possam criar uma aglomeração...
– Claro que não. Mas quanto aos invisíveis? – reagiu Bolsonaro
– Os invisíveis são muitos, mas não contam. Não sabemos onde eles estão. O Brasil é muito grande...
– Então tratem de torná-los visíveis – irritou-se Bolsonaro – Quero muita gente na porta da Caixa para provar que o vírus tem medo de aglomerações!

O segundo general disse que seria preciso avisar do plano ao presidente da Caixa que se esforçava para evitar aglomerações.
— Ah é?? Vou demitir o presidente da Caixa. Aqui mando eu!
— Calma, presidente. As aglomerações não vão diminuir. Esses informais não entendem de apps, de sites, boa parte não tem nem celular...
— Isso me deixa mais tranquilo — suspirou Bolsonaro — Mas... e o telefone?
— Vou avisar ao presidente da Caixa — disse o terceiro general — para mantê-lo sempre em comunicação.
— Ótimo! Mas se algum espertinho entrar no site da Caixa?
— Vai ter que buscar um código. Como não vai conseguir, ele vai para a porta da Caixa pedir informações.
— Perfeito! Quero muita aglomeração. Muita...
— O senhor vai gostar. Além das aglomerações vamos providenciar filas quilométricas, que dobrem o quarteirão...
Dias depois o presidente da Caixa liga para Bolsonaro:
— Seu plano é um sucesso presidente! Temos aglomerações em todas as agências e gente dormindo nas filas...
Bolsonaro sorriu e esfregou as mãos em sinal de imensa satisfação. Nisso entrou o Múmia, também conhecido como ministro da Saúde, em seu gabinete levando o relatório do dia — como Bolsonaro pretendia da PF — sobre os estragos do coronavírus.
— Já ultrapassamos 7 mil mortos, presidente. Sendo que 30% esteve em algum tipo de aglomeração.
— E daí? Acha 30% muito?

MANDETTA

Fico imaginando Mandetta chegando em casa depois de um dia de trabalho – e que trabalho! Batido pela exaustão, atira-se no primeiro sofá que encontra e geme:
 – Puta que o pariu!
A mulher que estava na cozinha preparando um bolo aparece na sala assustada:
 – Que foi Luís Henrique? Que aconteceu?
 – Aquele cara é doido – resmunga num tom vago e reflexivo.
 – Quem Luís Henrique? Quem?
 – Quantas vezes preciso repetir? O porralouca do Bolsonaro! Foi pra televisão dizer que estamos nos bicando...
 – Você não gostou do elogio?
 – Que elogio, mulher? Ele caiu de pau em cima de mim...
 – Foi? Mas os pombos se bicam em sinal de afeto...
 – Os pombos, pombas! Eu não aguento mais...
 – Nem você, nem um monte de gente. Você não tem escutado os panelaços?
 – Ele quer botar todo mundo na rua. Está cagando para a OMS! Deve achar que é uma organização comunista...
 – Ele está preocupado com os empregos, as empresas, a economia...

– Tem que se preocupar é com a saúde, as vidas, porra! Isso é coisa do Guedes, aquele liberalzinho de merda que tem horror a pobre e fica segurando a grana... Eu vou cair fora!

– Não faça isso, Luís Henrique! Mire-se no exemplo do Moro que resistiu a todas as provocações e desmoralizações...

– Outro dia ele fez uma reunião com médicos e não me chamou...

– Ele está com ciúmes Luís Henrique. Acha que você está aparecendo demais...

– Não posso ir para a televisão e falar de costas, atrás da cortina, debaixo da mesa...

– Quem sabe não é isso que ele quer que você faça?

TEMPOS DIFÍCEIS

Se tem um cara que não deixa a peteca cair na monotonia é o Bolsonaro. Preocupado com o baixo astral provocado pelo vírus que nos obriga a levar a vida entre quatro paredes, solitários, isolados, entediados, o Capitão sempre procura um jeito de reanimar a galera.
– E agora? O que faremos? – perguntou aos seus generais, esfregando as mãos.
– Vamos retomar o Campeonato Brasileiro – disse um – O futebol é a alegria do povo!
– Que tal anteciparmos o desfile de Sete de Setembro? – disse outro.
– Ou permitirmos as aglomerações? As pessoas aglomeradas ficam mais alegres e comunicativas!
– Quem não fica com 600 pratas?? – concordou Bolsonaro.
– Temos que procurar algo relacionado com o vírus, que é o que está na moda! – afirmou um terceiro general.
– É o que tenho feito! – reagiu o presidente – Será que você não percebeu? Tudo que o Mandetta fala, eu falo o contrário…, mas parece que isso só aumenta o baixo astral…
– Quem sabe algo mais impactante, presidente?
– Só se eu demitir o Mandetta!
– E por que não? O senhor é a autoridade máxima do país. Está com a faca, o queijo, o presunto e a mortadela nas mãos!

Bolsonaro gostou da ideia e demitiu o ministro da Saúde em plena crise. À noite ouviu um panelaço infernal que percorreu o país.

– Viu como deu certo, presidente? O pessoal ficou animado.

– Precisamos manter esse alto astral – acrescentou um quarto general.

– Que tal se eu pedir ao meu pessoal uma manifestação em frente ao Forte Apache com faixas e cartazes pedindo o fechamento do Congresso e do Supremo?

– Bela ideia, presidente! Se o senhor comparecer o pessoal é capaz de furar as panelas de tanto bater...

A manifestação foi um sucesso. Faltou janela e panela para tanta gente. Tinha gente batendo em frigideira, leiteira, chaleira, forma de pizza...

– Viu só, presidente? É assim que se tira esse povo da prostração.

Bolsonaro estava feliz. Sabia que botando a galera para reagir ela deixava de lado suas preocupações com a pandemia.

– Vamos em frente! – bradou – Não é hora de deixar a peteca cair. Alguma sugestão?

– Acho que o senhor deveria focar nos seus ministros – disse um quinto general – Não lembra da animação na saída do Mandetta? As pessoas nas janelas, cheias de vida...

Bolsonaro ergueu o polegar em sinal de positivo e parou para pensar:

– Que vocês acham do Weintraub?

– Weintraub? Ninguém vai aparecer nas janelas, presidente. Tem que ser um ministro que faça o pessoal levantar do sofá...

– Só tenho dois – respondeu o Capitão – O Moro e o Guedes. Qual deles?

– Vai de Moro, presidente. Deixa o Guedes para depois...

O ENCONTRO

Madame Economia encontrou Dona Saúde por acaso. Madame passava no seu carrinho popular diante de um hospital no Rio e viu Saúde na porta querendo entrar, no meio de uma aglomeração. Foi a ela.
– Saúde! Que prazer revê-la. Que você faz aqui?
– Acho que peguei o vírus, Madame...
– Que vírus? Não acredito! Você está com uma aparência tão boa...
Dona Saúde estava abatida, desanimada, não se aguentava em pé. Estava há dois dias à espera de uma vaga no hospital.
– Estou me sentindo muito mal.
– Que isso Saúde!! Recebeu o dinheiro que lhe mandei?
– Não consegui. Já estive na Caixa quatro vezes. Aquela multidão... eu deveria estar em casa obedecendo o isolamento.
– Esquece essa história de isolamento, querida. Onde você mora?
– Em Costa Barros. Eu, minha mãe, minha irmã e meus quaro filhos...
– Você fica isolada no seu quarto?
– Como? Só tem um quarto na casa!
– E daí? Essa história de isolamento é uma invenção da OMS só para me prejudicar. Vamos trabalhar!

— Meu patrão me demitiu...

— Tá vendo! É nisso que dá! Você só quer ficar aí, na porta do hospital. Acaba me prejudicando – disse a Economia – Tive que dispensar meu motorista porque ninguém quer mais trabalhar...

— Eu quero Madame, mas estou muito mal. Tenho medo de morrer...

— Que isso? Fica tranquila! Todos nós vamos morrer um dia. Você tem que me ajudar, Saúde, ou vou ter que vender a casa e fechar a fábrica. Vai ser um caos no país...

— Já está um caos, Madame.

— Por sua causa que prefere ficar aí plantada preocupada com esse viruszinho...

— Ele já matou dois vizinhos...

— E daí? Na guerra é muito pior. Tenta entender que se você morrer – Deus a livre e guarde! – será só mais uma... ainda vão sobrar mais de 200 milhões. Mas se eu morrer não tem ninguém para se candidatar à reeleição...

Abriu uma vaga no CTI e Dona Saúde ia entrando quando foi impedida por Madame Economia.

— Aonde é que você vai querida?

— Vou me internar...

— É isso que você quer, não é? Ficar aí deitadona no leito do hospital e eu que me vire para sobreviver.

A DESCOBERTA DA VACINA

O Brasil estava próximo do meio milhão de óbitos quando o país acordou com a auspiciosa notícia da descoberta da vacina. Severino Silva, morador de Campo Grande, Zona Oeste do Rio, saiu aos berros pela rua de terra batida, sem água e com esgoto a céu aberto:
 – Estamos salvos! Descobriram a vacina! Estamos salvos!
 A vacina foi criada na China, na mesma cidade em que "nasceu" o vírus. Foram feitos testes em camundongos, morcegos, macacos, camelos, ursos panda e finalmente nos humanos, com 100% de aprovação.
 O planeta exultou, a Humanidade sobreviverá! Os chineses no entanto não abriram a patente ficando com a exclusividade da produção e distribuição. A grande questão era saber como distribuí-la entre 196 países – e mais de sete bilhões de pessoas – interessados em obtê-las rapidamente que o vírus continuava provocando baixas, muitas baixas.
 A China propôs que a distribuição fosse feita por ordem alfabética, proposta logo descartada pelo Primeiro Mundo ao notar que o primeiro país contemplado seria o Afeganistão. A China então optou pela fila e Trump logo gritou de lá "A América primeiro!" e para reforçar seu pedido fez os mais rasgados elogios aos chineses.

No Brasil a primeira reação foi desprezar a descoberta. O ministro das Relações Exteriores se apressou em declarar:
– Não acredito nesses comunistas chineses. Não descobriram nada! Estão fazendo marketing!
Ao que o Capitão emendou:
– Não vou entrar nessa porra dessa fila. Estamos nos dando bem com a cloroquina. Não temos nem meio milhão de óbitos...
Os países enfileirados recebiam suas doses e constatavam o sucesso da vacina. Manifestações de jubilo e alegria espocavam por todo planeta. Aqui as manifestações eram de outra ordem: diante do Palácio do Planalto os seguidores do presidente gritavam em coro: "Cloroquina é a vacina! Cloroquina é a vacina".
O país ultrapassou o meio milhão e os generais fizeram pressão sobre o presidente. A contragosto Bolsonaro entrou na fila atrás de Uganda e El Salvador. Quando chegou sua vez, a quantidade de doses não se mostrou suficiente nem para a metade dos brasileiros. O Governo logo considerou que se tratava de um plano diabólico dos chineses para reduzir nossa população e facilitar a implantação do comunismo.
Após a chegada das doses foi criado um grupo de trabalho para montar um esquema de distribuição. Um general sugeriu:
– Vamos entregar à Caixa Econômica que já tem experiência...
– Por que não ao SUS? – observou outro general
– Você vai ficar na fila do SUS? – indagou um terceiro general mordaz
– Se vocês me dão licença – interveio Fux – Acho que a distribuição deve começar pelo Supremo, a mais alta corte da Justiça...

– Por que não pelo Congresso? – reagiu Maia torcendo o pescoço

– A mim parece que os empresários devem ter prioridade – acrescentou o presidente da FIESP

– Não seria melhor se começássemos pelos médicos e enfermeiros que estão na linha de frente? – propôs timidamente o ministro da Saúde

A proposta foi rejeitada no ato sob a alegação de que eles são tantos que não sobraria vacina para mais ninguém. Estabeleceu-se uma grande discussão que foi silenciada abruptamente pelo Capitão:

– Vou começar pela minha família, taokey? O resto dividam aí entre vocês

Assim foi feito. A distribuição seguiu de cima para baixo, os generais, o Supremo, o Congresso, os ministros, a PGR, a Polícia Federal e as doses acabaram na classe média que segue o presidente. Severino Silva veio a óbito e suas últimas palavras foram: "Estamos salvos?"

CRÔNICA 3 EM 1

Trump convocou o conselheiro de Segurança ao seu gabinete e disse sem meias palavras, como é de seu feitio:
– Escuta cara, precisamos tirar os chineses dessa jogada do 5G lá no Brasil.
– Vai ser difícil, presidente. Os chineses da Huawei já estão lá há quatro anos e o país parece satisfeito com suas presenças.
– Com Bolsonero na presidência? Duvido! Temos que fazer algo que demonstre que somos os verdadeiros parceiros do Brasil.
– Podemos oferecer um acordo de livre comércio!
– Não precisa exagerar...
– Podemos propor uma redução nas barreiras tarifárias.
– Acabei de aumentar os impostos sobre o alumínio do Brasil. Ofereça uma bobagem qualquer... eles vão aceitar e ainda agradecer.
– Que tal uma redução nos procedimentos burocráticos? – Trump torceu o nariz e o outro completou – ... a ser futuramente negociado.
Quando o conselheiro se retirava o presidente lembrou:
– Não esqueça que o objetivo da sua viagem é ralar com os chineses do leilão da 5G!
Bolsonaro recebeu a comitiva americana de braços e pernas abertas.

– Viu? – disse ele à sua turma – Faltam poucos dias para as eleições e mesmo no meio daquela campanha infernal Trump se lembrou de nós.

Dois dias depois o ministro da Saúde anunciou com toda pompa e circunstância que o Brasil iria comprar 46 milhões de doses da Coronavac, vacina chinesa. Ninguém duvidou que o anúncio fora feito após ouvir o Capitão, que manda em todos os generais do Governo.

Dia seguinte Bolsonaro anunciou que o Brasil não compraria a vacina "que nós não vamos servir de cobaia para os chineses!" A declaração contagiou o general da Saúde que caiu de cama e a mídia disse que o recuo de Bolsonaro foi por pressão de suas brigadas digitais. Não foi bem assim. Meia hora depois do ministro anunciar a compra das 46 milhões de doses, o telefone tocou na mesa do presidente. Era Trump.

– Bolsonero, acho que meu emissário não foi claro. Minha bronca é com a China. Quando eu disse 5G isso inclui também as vacinas...

– Pode deixar presidente que amanhã mesmo dou um jeito nisso. Mais alguma coisa?

– Só uma coisinha; não diz a ninguém que está me apoiando nas eleições. Você apoiou o Guaidó e ele desapareceu na Venezuela, apoiou o Macri na Argentina e ele perdeu, apoiou o Carlos Mesa na Bolívia e ele perdeu. Declare seu apoio ao Biden, por favor.

DEMOCRACIA EM PERIGO

Trump está inconformado diante do espectro da derrota que ronda sua reeleição. Considera uma ingratidão dos conterrâneos tirá-lo do trono só porque tem 28 acusações de assédio sexual, fraudou o imposto de renda e escondeu da população a letalidade do coronavírus (ainda assim já recebeu mais de 70 milhões de votos – que país é esse?).

Sem querer largar o osso, o esperto Donald age como um cidadão se afogando e se debate utilizando todo tipo de recurso para "melar o jogo". Sua primeira jogada foi se declarar vitorioso antes mesmo da abertura das urnas!!! Agora está querendo interromper a apuração em alguns estados e pedir a recontagem de votos em outros tantos por suspeitar da imparcialidade dos apuradores.

– Só vejo negros na apuração dos votos! – esbraveja

Reunido com sua sombra e seus assessores ouviu de um deles:

– Nada que o senhor faça vai impedir a vitória do Biden!

– Mas eu não posso deixar a Casa Branca – reagiu – Ainda não atingi a meta de 300 mil óbitos pela pandemia!!

– Então o senhor tem que pensar em uma solução de força – volta o assessor.

– Um golpe de Estado? – indaga Trump, pensativo.

– Por que não? Sempre foi muito comum nas Américas e nós nunca recorremos a essa solução...

– Não é uma má ideia, mas nem sei como começar um golpe...

– Vamos consultar nossos *hermanos* de Honduras, El Salvador, Bolívia...

– Excelente sugestão. Já me disseram que a Bolívia – volta Trump – detém o recorde de golpes nas Américas...

– É verdade, presidente. Mas agora está metida a democracia. Nas últimas eleições os militares e a classe dominante aceitaram passivamente a vitória do partido socialista...

– Precisamos dar um jeito na Bolívia... – retruca Trump – Mas antes vamos cuidar de mim. Qual o primeiro passo para o golpe?

– Apoio dos militares... de preferência generais.

– Vai ser difícil. Nossos generais não têm nenhuma experiência em golpes de Estado.

Os dois permaneceram em silêncio alguns minutos até que o assessor teve uma ideia:

– Por que o senhor não liga para o Bolsonaro? Ele participou do golpe de 1964 no Brasil...

Bolsonaro atendeu e teve um orgasmo de alegria ao reconhecer a voz do seu ídolo. Trump explicou que estava precisando de ajuda.

– Claro! Quer que eu mande algumas urnas eletrônicas?

– Agora não dá mais – e completa num tom choroso – A vitória está me escapando entre os dedos...

– Cria um caso, presidente. Recorra ao Tribunal Eleitoral.

– Nós aqui não temos tribunais eleitorais...

– Quer usar os meus? Eu dou um jeito...

Enfim, em alguma coisa – além do futebol – o Brasil mostra-se superior aos Estados Unidos e seu sistema eleitoral subdesenvolvido que data da Constituição de 1787 com algumas emendas permitindo o voto dos pobres, dos negros e das mulheres que só se tornaram eleitoras em 1920.

– Estou desesperado, Bolsonero! Vou partir para um golpe de Estado e preciso de sua orientação.

– Perdão, presidente, mas o que houve aqui 64 foi um golpe democrático. Os comunistas estavam tomando o poder...

– É o que vai acontecer aqui se eu não agir. O que vocês fizeram?

– Botamos os tanques nas ruas, destituímos o presidente e substituímos por um general.

Trump levou um susto.

– É assim? Mas eu não quero me destituir da presidência!

– Então procura outro, presidente. Eu só conheço esse modelo de golpe.

NA PAZ DE PAZUELLO

Em um mundo acuado por uma pandemia mortal tenho recebido mensagens de amigos do exterior intrigados com a presença de um general paraquedista no comando do Ministério da Saúde.

– Por que um paraquedista? – perguntou-me Olaf, amigo sueco – As vacinas vão ver jogadas de paraquedas?

– É uma possibilidade, meu caro. Para manter o distanciamento...

– Não há generais médicos no Exército brasileiro? – indagou Jorge, amigo milongueiro

– Temos muitos – respondi – Inclusive infectologistas, mas nenhum entende de logística.

Pazuello foi colocado pelo capitão no ministério – o mais importante do país no momento – por ser um gênio em logística. Ou seja, pouco importa se seus conhecimentos sobre saúde não vão além de um resfriado. O cara teria experiência de sobra para montar um plano infalível de combate ao coronavírus. Depois de oito meses à frente da pasta, o que se vê, no entanto, é um general sem lógica nem convicção. Um dia diz uma coisa, dia seguinte desdiz essa coisa.

Tal comportamento me faz suspeitar que, como diria Stanislaw, tem peixe por baixo desse angu. Em outubro Pazuello veio a público anunciar que compraria 46 milhões de doses da Coronavac. Meia hora depois de sua declaração recebeu uma ligação do capitão.

– Enlouqueceu Pazuello? Como é que você diz uma coisa dessas sem me consultar? Jamais vou comprar uma única dose desses comunistas chineses! Volta lá e diz que você se enganou...

No dia em que faria a primeira reunião com a OMS o general ficou em pânico sem saber o que dizer. Ligou para o capitão:

– O que eu digo presidente? Eu só entendo de logística...

– Diga que o Brasil está entre os líderes mundiais de pacientes recuperados.

– Perfeito! E se eles me perguntarem sobre o número de casos e mortes?

– Diga que estamos fazendo as contas..., mas que o número é inexpressivo.

– Não é não, presidente...

– Faça o que eu mando, porra! Botei você aí para me obedecer...

Recentemente Pazuello declarou que a vacinação no Brasil deve começar em fevereiro. Cinco minutos depois recebeu um telefonema do capitão.

– Você quer me ferrar, Pazuello? O Doria vai iniciar a vacinação dos paulistas em janeiro... Temos que começar antes. Pensa na minha reeleição, cacete!

– Desculpa presidente. Vou anunciar então para fins de dezembro...

– Está tudo pronto?

– Não tem nada pronto, presidente.

– Como não tem nada pronto? E sua logística?

– Minha logística aguarda sua autorização. Não temos vacina nem agulhas nem seringa...
– Quantas mortes?
– Mais de 180 mil....
– Não é nada para uma população de 210 milhões...
– Posso enfim acionar minha logística, presidente?
– Agora não precisa mais. A pandemia já está no finzinho.